LA

QUESTION ÉGYPTIENNE

DEVANT

LA NATION

PAS D'INTERVENTION

PAR

UN OFFICIER DE L'ARMÉE FRANÇAISE

Prix : 50 centimes

PARIS
C. MARPON ET E. FLAMMARION
ÉDITEURS
26, RUE RACINE, PRÈS L'ODÉON.

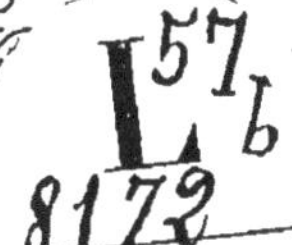

LA

QUESTION ÉGYPTIENNE

DEVANT

LA NATION

PAS D'INTERVENTION

PAR

UN OFFICIER DE L'ARMÉE FRANÇAISE

PARIS
C. MARPON ET E. FLAMMARION
ÉDITEURS
26, RUE RACINE, PRÈS L'ODÉON

1882

AVANT-PROPOS

L'instabilité gouvernementale est le fléau d'une nation et l'agent le plus sûr de sa déchéance.

Sans parler des déchirements intérieurs, de la lutte des factions, des convoitises et des ambitions particulières qui, en toutes occasions, se substituent à l'amour du bien public, la marche descendante d'un pays est surtout appréciable par l'examen de sa politique et de ses relations extérieures.

C'est que dans ces modifications incessantes de l'équilibre des États, ce n'est ni le caprice, ni le hasard, ni l'imprévu, qui décident du présent comme de l'avenir des royaumes; c'est une logique inflexible, une sorte de fatalité raisonnée.

A travers l'incohérence apparente des accidents, des péripéties et des catastrophes, auxquels s'attache uniquement la masse du public, le spectateur réfléchi reconnaît parfaitement la trame des desseins mûrement préparée, persévéramment poursuivie.

Les événements d'Égypte, en éclatant subitement (en apparence), ont surpris et déconcerté l'opinion publique de la France, parce que celle-ci, abandonnée aux destins changeants, livrée à la brutalité des faits, s'est déshabituée de la prévoyance politique, de l'étude des conditions générales de sa puissance extérieure, et que depuis longues années elle est le jouet des spéculateurs et des financiers, déguisés en hommes d'État.

Indifférente, inconsciente peut-être, alors que des mains imprudentes soulevaient le grand débat africain par la funeste guerre de

Tunisie, la France comprend aujourd'hui qu'elle a eu tort de donner un blanc-seing aux parlementaires bizantins qui ont la charge de ses destinées et qui les ont compromises.

La Chambre et le Sénat se sont plu à méconnaître ce courant d'opinion si sage, si puissant, si persévérant, qui, depuis deux ans, s'efforce d'entraver la politique d'aventures lointaines et d'expéditions financières.

En agissant de la sorte, les deux Chambres ont perdu la confiance du pays; elles ont assumé une lourde responsabilité, que l'histoire leur reprochera durement. En ce qui concerne la Chambre des députés en particulier, la dissolution s'impose. Les élections se feront sur la question de paix ou de guerre, et les matamores, qui font entendre de déclamatoires et vaines provocations, pourront alors mesurer l'aversion qu'ils inspirent au pays.

Le pays a l'instinct de grands périls nationaux; il veut savoir où toutes ces aventures africaines ont dessein d'aboutir.

Il est fatigué de voir les questions les plus

graves, comme celle qui vient tout à coup de surgir en Égypte, servir de thème aux fabricants de harangues ampoulées où s'étalent les querelles rétrospectives des partis et desquelles sont bannis l'équité comme le patriotisme.

Il ne s'agit pas, en effet, de rechercher qui s'est le plus trompé de la Monarchie, de l'Empire ou de la République. Ce sont là discussions oiseuses, dignes tout au plus des George Dandin du parlementarisme, lesquels ergoteraient jusque dans les « gouttières ». Il s'agit de rechercher quelle doit être, dans les circonstances actuelles, la détermination la plus convenable aux intérêts de la France.

Toute la question est là.

Le but de la présente brochure est d'apporter un concours désintéressé à l'élaboration de ce problème ardu.

Le principe d'où découle toute notre argumentation est le suivant. Pour faire prévaloir les saines appréciations, pour faire admettre les résolutions salutaires, il est indispensable d'étudier cette question d'Égypte, non pas dans le passé des ministères éphémères qui ont géré les affaires de la France, non pas dans les rêves ou les regrets, encore moins dans les suggestions de la haine réciproque des partis opposés, mais dans la nature même des choses.

C'est pourquoi nous divisons notre travail en cinq parties distinctes :

1° La mer Rouge, canal de Suez, Port-Saïd et Suez. — Importance du commerce et de la navigation de Port-Saïd.

2° La politique de l'Angleterre dans les mers arabiques depuis la fin du siècle dernier.

3° Côtés vulnérables des possessions orientales de l'Angleterre.

4° L'intervention au point de vue militaire.

5° Conclusion.

Le lecteur pourra ne pas adopter nos conclusions; mais, en tout état de cause, il trouvera dans notre étude des notions indispensables pour lui permettre d'asseoir une opinion raisonnée sur la question égyptienne.

I

La mer Rouge. — Canal de Suez. — Port-Saïd et Suez. — Importance du commerce rt de la navigation de Port-Saïd.

La mer Rouge, ou golfe Arabique, a 5,000 kilomètres de long, et de 200 à 250 kilomètres de large. La largeur est considérablement diminuée par des récifs coralleux qui courent parallèlement aux côtes d'Arabie et d'Égypte. Ces récifs laissent au milieu de la mer Rouge un chenal d'environ 100 kilomètres. C'est la route que suivent les gros vaisseaux. La navigation de ce chenal, malgré un certain nombre de récifs, est facile, grâce aux excellentes cartes anglaises incessamment mises à jour. — Entre les côtes et les bancs de corail les barques arabes naviguent en tout temps. Elles font le cabotage et la pêche du corail.

La mer Rouge et la mer Méditerranée, longtemps séparées par l'isthme de Suez, ont été réunies par le beau travail dû à l'initiative française. — Le canal qui relie les deux mers s'appellera probablement canal de Lesseps. — Ce canal a deux points d'aboutissement, Port-Saïd dans la Méditerranée, Suez dans le fond du golfe Arabique.

L'opinion publique se préoccupe presque exclusivement, aujourd'hui, de Port-Saïd et de Suez. A notre humble avis, c'est une erreur qui est cause de tous les malentendus qui forment le fond des discussions à la Chambre, dans la presse et dans le public. On semble oublier que la vraie clef du passage n'est pas à Port-Saïd, mais à Aden et à Périm.

Il y a quarante ans que les Anglais ont établi leur domination incontestée dans ces parages. Ils sont les maîtres, les uniques maîtres de la navigation dans la mer Rouge, dans le golfe Persique, sur le Tigre et sur l'Euphrate, et l'on peut dire que le pavillon britannique est le dominateur triomphant de l'océan Indien.

Mais pour rester dans le cadre de la question égyptienne, examinons le mouvement commercial de Port-Saïd durant les deux années 1877-1878.

Nota. — Ces renseignements sont tirés des statistiques officielles dressées par le gouvernement français.

Le mouvement commercial de Port-Saïd, pendant

les deux années 1877-1878, représente les résultats suivants :

	1877	1878
	—	—
Importation.	21,583,850	23,649,330
Exportation.	1,799,700	1,664,150
Totaux.	23,323,550	25,313,480

Voici comment ces chiffres se répartissent entre les divers pays avec lesquels Port-Saïd a entretenu des relations commerciales pendant les deux années de la période qui nous occupe :

IMPORTATION

	1877	1878
	—	—
Angleterre	10,742,850	12,644,310
France.	4,900,410	4,777,800
Autriche	1,492,850	1,325,950
Egypte.	1,341,950	771,850
Turquie	2,387,135	2,792,072
Italie.	688,755	1,337,350

EXPORTATION

	1877	1878
	—	—
Angleterre	1,654,460	1,462,400
France.	92,270	113,500
Autriche.	52,970	88,250
Egypte	»	»
Turquie	»	»
Italie.	»	»

L'Angleterre occupe la première place dans le trafic de Port-Saïd avec l'étranger.

La France vient ensuite, mais à une énorme distance, comme dans le commerce de l'Égypte en général.

Dans le trafic général de l'Égypte nous figurons pour 60,500,000 (importations et exportations réunies) l'Angleterre y est inscrite pour 291,700,000, c'est-à-dire pour un chiffre quatre fois et demi supérieur au nôtre (1). De plus, si l'on rapproche les chiffres de l'importation 23,054,466, en 1878, du chiffre de l'exportation 36,859,065, en ce qui concerne la France il résulte que, en 1879, la France a payé à l'Égypte un peu plus de 13 millions pour balance entre les importations et les exportations.

NAVIGATION.

Le mouvement de la navigation de Port-Saïd pendant les années 1877, 1878 se résume comme il suit — toujours d'après les statistiques officielles françaises. (Voir *Annales du commerce extérieur;* — 3e série, n° 2,216. Ministère de l'agriculture et du commerce.)

	ENTRÉES		SORTIES	
	Navires.	Tonneaux.	Navires.	Tonneaux.
	—	—	—	—
1877.	2,076	2,535,392	2,198	2,619,870
1878.	2,659	2,603,195	2,445	3,588,914

(1) 70 p. 100 du coton égyptien est exporté en Angleterre. En 1879, l'Angleterre en a acheté pour 130.720.000 francs.

L'ensemble des opérations maritimes, réalisées en 1877 et en 1878, a donc occupé :

En **1877**. . . . . 4,274 navires et 5,155,271 tonneaux.
En **1878**. . . . . 5,104 navires ef 5,191,109 tenneaux.

Sur ces chiffres la France revendique 142 navires en 1877 et 153 en 1878, ce qui est dérisoire par rapport au chiffre des bâtiments anglais.

Le mouvement de la navigation générale de l'Égypte offre des chiffres plus concluants encore en faveur de la prépondérance anglaise. Sur 100 navires qui traversent le canal de Suez, 75 à 80 sont anglais. La proportion généralement admise est 80 p. 100 de vaisseaux anglais, et 6 p. 100 de vaisseaux français. La conclusion à tirer, c'est qu'en dehors de la question de sentiment et d'amour-propre et en n'envisageant que le côté maritime et commercial, nous n'avons pour le moment dans le débat ouvert si malencontreusement qu'un intérêt médiocre, tandis que pour les Anglais, au contraire, c'est une question de vie ou de mort, ainsi que nous allons le faire comprendre dans les développements qui vont suivre.

Nous avons considéré l'ensemble de la contrée depuis Port-Saïd, jusqu'à Aden, jusqu'à la sortie du golfe Arabique (Bal El Moudeb, la porte du malheur), il faut maintenant la considérer par rapport à l'Asie, à l'Afrique et à l'océan Indien.

II

Politique de l'Angleterre dans la mer Arabique depuis la fin du siècle dernier.

Tandis que depuis près d'un siècle la France épuise ses forces dans des révolutions sans fin, l'Angleterre n'a cessé de travailler à asseoir sa domination dans les mers orientales. Mettant à profit la vapeur et l'électricité, elle est parvenue à relier tous les éléments épars de son vaste empire, et à donner à ses conquêtes une solidité pour ainsi dire inébranlable.

L'histoire de ces travaux et de ces conquêtes est de nature à jeter, nous en sommes certain, une vive lumière sur la question égyptienne. C'est pourquoi nous avons cru qu'il était indispensable de la résumer aussi brièvement que possible.

Vers la fin du règne de Louis XV, l'Angleterre était déjà maîtresse de l'empire des Indes. Les efforts du vaillant Dupleix pour le lui disputer furent impuissants. Cette histoire est généralement peu connue des Français, qui se complaisent dans les récits de leurs victoires et ne cherchent jamais à déduire de leurs défaites les leçons et les devoirs qui en sont les conséquences.

La marine française, déjà bien affaiblie vers la fin de la monarchie, fut entièrement désorganisée par la Révolution; la puissance maritime de l'Espagne n'était plus qu'un souvenir; celle des États-Unis venait de naître; la suprématie de l'Angleterre n'avait donc à redouter aucune compétition quand apparut Bonaparte.

Le général Bonaparte, alors dans toute la fougue de son étincelant génie, conçut le projet d'aller attaquer la Grande-Bretagne, au cœur même de sa puissance coloniale, c'est-à-dire dans les Indes.

C'était, pour l'époque, un projet irréalisable. Bonaparte, cependant, l'a caressé toute sa vie, bien qu'il n'ait pu le réaliser. Mais cette menace, qui parut longtemps un rêve insensé de Napoléon, demeura un avertissement précieux pour la Grande-Bretagne.

Elle lui révéla toute l'importance de la mer Rouge, lui donna comme la vision du rôle réservé à la vieille terre des Ptolémées, et c'est alors qu'elle occupa pour la première fois la presqu'île adénique.

Dès cette époque les Anglais occupèrent également Périm, petite île appelée si justement la clef de la mer Rouge.

Maîtres d'Aden et de Périm, les Anglais auraient facilement arrêté la flotte que Bonaparte voulut un instant envoyer de Suez dans la mer des Indes.

Instruits par le danger, les Anglais ne cessèrent plus depuis cette époque de parcourir ces parages, d'y promener leur pavillon et de nouer des relations avec les habitants des côtes d'Afrique et de l'Asie.

En 1802, ils entrent en relations suivies avec les chefs arabes de la presqu'île adénique et les comblent de cadeaux.

En 1829, ils établissent un dépôt de charbon à Aden même. En 1835, ils chargent le capitaine de vaisseau Haïnès de relever, aux frais de l'Amirauté, toutes les côtes de la mer Rouge et d'effectuer des sondages. D'admirables cartes sont le résultat de cette mission. Elles servent encore aujourd'hui, grâce à des mises à jour continuelles.

Enfin en 1839, voyant notre marine réapparaître avec quelque éclat dans les mers orientales, elle se décide à s'emparer brusquement d'Aden sous le prétexte de pirateries commises par un Arabi quelconque.

Le drapeau britannique, depuis cette époque, flotte au-dessus d'Aden.

Les cabinets européens ne firent en 1839 aucune observation, ne devinant pas l'importance capitale que pouvait avoir pour l'avenir ce petit coin de terre. Les Anglais avaient deviné cette importance quarante ans auparavant.

Aden est aujourd'hui une ville imprenable, et par elle, nul vaisseau ne peut entrer dans la mer Rouge ou en sortir sans la permission des Anglais. Ses fortifications, son port et ses citernes sont des merveilles de construction, de force et de grandeur.

Son importance commerciale n'est pas moindre que son importance politique.

C'est le rendez-vous commun de tous les navires qui transitent de l'océan Indien dans la Méditerranée, et de tous les vaisseaux anglais reliant à l'Europe les stations de la mer des Indes, les Seychelles, Maurice, qui nous ont appartenu ; la Réunion ; Bombay, Madras, Calcutta, les admirables cités indiennes ; Hong-Kong, Shang-Haï ; la pointe du Roi George, Melbourne et Sydney, les trois grands entrepôts de la terre des filons d'or, l'Australie, île aussi grande que l'Europe.

Pour l'Angleterre Aden est surtout la base d'opération de l'extension graduelle de la domination britannique dans la mer Rouge et dans les mers orientales.

Il convient de résumer succinctement les diverses étapes de cette marche raisonnée comme la plus didactique des campagnes napoléoniennes et qui a permis à l'Angleterre de fonder dans le golfe arabique, sur la côte orientale d'Afrique et jusque dans le golfe Persique, des établissements qui peuvent défier toutes les menaces.

En 1854, les îles Moussah, dans la baie de Tadjoura, sont achetées par les Anglais, afin de surveiller la côte abyssinienne.

Un peu plus tard, les îles Kouriah-Mouriah sont acquises de l'imam de Maskate sous le prétexte d'exploiter le guano répandu sur cet archipel, et aussi pour en faire le point d'attache du cable télégraphique qui unit l'Inde à l'Europe; mais en réalité pour accaparer une station qui peut, au besoin, abriter une flotte, et qui commande le golfe Persique dont la navigation est appelée à jouer un rôle prépondérant, lorsque la grande voie ferrée du Tigre et de l'Euphrate sera entreprise.

Depuis plusieurs années, l'île de Périm est devenue un phare très utile sans doute pour la navigation, mais bien plus utile encore pour interdire l'entrée ou la sortie de la mer Rouge. Ce phare a été entouré de fortifications considérables, et nul vaisseau ne peut entrer ou sortir dans ces parages sans que la fumée du canon du phare, rendant le salut, ne vienne inonder de ses spirales le pont ou la mature.

Le percement de l'isthme de Suez est sans doute un fait considérable, mais qu'on ne s'y trompe pas, l'union des deux mers ne sera qu'une fiction le jour où les Anglais le voudront. En remontant vers le nord, dans la mer Rouge, on trouve sur la côte arabique un port important et très ancien, c'est le port d'Hodeïda. De ce point, il serait très facile de faire une concurrence sérieuse à Aden, commercialement parlant. Les Anglais ont occupé l'île de Camoran d'où ils dominent le port et la ville d'Hodeïda. Le port et la ville pourraient être détruits en une heure.

Djeddah, le principal port de la mer Rouge, est activement surveillé par la marine britannique, et rien ne prouve qu'il ne sera pas occupé prochainement.

Si nous revenons vers la côte d'Afrique, nous trouvons les Anglais établis dans l'archipel de Dahlac, juste en face de notre station maritime d'Arkiko (1). De là, ils surveillent nos établissements, et peuvent nous fermer un beau jour l'entrée de ce port qui sert d'entrepôt à la ligne française de la mer des Indes. L'occupation de l'archipel de Dahlac remonte à 1860.

Plus au sud, nous voyons les Anglais à peu près maîtres de Madagascar par l'influence qu'ils y exer-

(1) Côte d'Abyssinie.

cent, bien que tous les traités, même ceux de 1815, nous attribuent cette île, grande comme la France, et que Colbert avait décorée du nom de France orientale.

Ainsi, en résumé, les Anglais sont maîtres de la navigation de la mer Rouge, du golfe Persique, de celle du Tigre et de l'Euphrate; ils dominent dans les mers Indiennes, dans les mers de Chine; ils possèdent l'Australie, sont obéis à Madagascar et s'imposent à la côte orientale d'Afrique, à l'aide des stations qu'ils ont établies depuis Aden jusqu'au Cap.

Voilà comment une nation qui jouit de la stabilité politique et qui sait persévérer dans ses desseins peut préparer les assises d'une domination pour ainsi dire impérissable, — parce que les bases en sont solidement établies.

Voilà pourquoi aussi l'Angleterre ne cédera à personne l'Égypte. Son intérêt le plus immédiat lui commande de s'emparer de cette clef du transit européen avec l'immense océan qui s'étend entre l'Asie, l'Amérique, l'Australie et l'Afrique, où depuis des siècles elle promène son pavillon orgueilleux. Elle en fera le centre de ses voies ferrées et de là rayonnera sur les deux continents d'Asie et d'Afrique.

III

Côtés vulnérables de l'empire des Indes.

Nous venons de voir quels intérêts puissants les Anglais ont su développer dans l'océan Indien, et comment ils se sont appliqués à en sauvegarder la conservation contre des entreprises hostiles toujours possibles. Il est intéressant de se demander quelle sorte d'ennemis pourraient tenter de détruire une œuvre qui, en somme, est profitable à la civilisation et au commerce général. Ces ennemis, tout le monde les connaît, ce sont les Russes d'une part, les Américains de l'autre.

Les Russes sont à la fois plus près des possessions anglaises et plus enclins par leurs tendances à disputer l'empire de l'Inde aux Anglais que toutes les puissances jalouses de la Reine des mers. Déjà les deux nations se sont rencontrées sur leurs frontières respectives et ont failli en venir aux mains.

Il y a là un problème que l'avenir seul résoudra Dans les lointains de l'histoire, nous voyons un grand conquérant, Alexandre, venir du Nord, longer le pied méridional du Caucase, atteindre les rives de l'Inde, descendre la presqu'île persique, dominer le Tigre et l'Euphrate, s'arrêter à Aden, ancienne colonie de Tyr, et rêver d'y construire la ville qu'il construisit plus tard à *Alexandrie*, et qui a eu des destinées si extraordinaires et si douloureuses.

Il faut espérer que les Russes, satisfaits des immenses territoires qu'ils ont soumis à leur domination ne susciteront pas aux Anglais des luttes sérieuses, luttes qui détruiraient pour longtemps les heureux résultats de la croisade britannique. — Mais qui sait l'avenir?

Dans tous les cas, qu'on en soit persuadé, les Anglais se préoccupent sérieusement de cette éventualité encore hypothétique, et ils cherchent dès aujourd'hui à s'assurer une base d'opération sérieuse et se reliant à la presqu'île arabique. Cette base, c'est l'Égypte. L'Égypte, complétée par Malte et Chypre, au nord; Aden, Périm et l'ancienne Syrie, au sud et à l'est, leur permettra toujours de lutter avec avantage contre Constantinople ou les établissements caucasiques. Le bombardement d'Alexandrie est le prodrome de la conquête de l'Égypte. Alexandrie avait une apparence de cosmopolitisme et de neutralité qui ne pouvait plaire longtemps à la soupçonneuse Angleterre.

Alexandrie n'est plus qu'un monceau de ruines et l'Égypte va devenir une province anglaise.

Si nos apprentis diplomates avaient mieux connu les grandes lignes de la politique orientale, ils se seraient bien gardé de réveiller le fanatisme musulman par la conquête de la Tunisie (1), et de s'aliéner du même coup l'Espagne et l'Italie, seules puissances ayant des intérêts conformes aux nôtres, dans les mers latines, grecques et africaines.

En l'état actuel de leur puissance, l'Italie, l'Espagne et la France seraient broyées si elles tentaient quoi que ce soit contre l'Angleterre. Méconnaître cette vérité serait plus qu'une folie, ce serait un crime.

Quant aux Américains, ils ne possèdent point de marine militaire. Du reste, ces rouliers de la mer, comme ils s'appellent, se réservent, et tout en prenant le mot d'ordre à Berlin, ils savent pertinemment qu'ils ne seront pas de taille à se mesurer avec l'Angleterre tant qu'ils ne se seront pas imposé d'im-

(1) On ne peut nier que la brutale conquête de la Tunisie n'ait été une excitation pour l'Angleterre. Nous démontrerons un jour peremptoirement que, loin d'être utile, cette conquête est des plus dangereuses.

menses sacrifices dont le côté utilitaire ne leur apparaît pas distinctement. L'Allemagne elle-même ne les y pousserait point. Au surplus, si l'on voulait bien réfléchir à la situation des Allemands, on verrait très clairement qu'ils sont très disposés à rechercher l'alliance intime et effective des deux plus grandes puissances maritimes du monde avec lesquelles ils n'ont pour le moment aucun intérêt contraire, tandis qu'ils peuvent toujours craindre d'être pris entre la Russie et la France.

L'Allemagne, en possession du plus formidable instrument de guerre qui ait été créé, se sent assez forte pour faire face à la France à l'Est et à la Russie à l'Ouest, mais elle est trop sage pour ne pas faire en sorte de vaincre ses adversaires l'un après l'autre.

En ce moment son unique objectif c'est la France qu'elle veut réduire aux limites de 843.—Si pénible que cette vérité puisse être pour nos concitoyens nous n'hésitons pas à la proclamer. —En tombant dans le piège grossier qui leur a été tendu, en entreprenant la conquête des côtes de l'Afrique septentrionale, nos hommes d'État, imprudents ou ignorants, ont assuré à l'Allemagne les véritables résultats qu'elle cherchait.

Ces résultats les voici :

La réorganisation militaire de la France est à tout jamais retardée.

On a créé entre nous et l'Angleterre une cause incessante de rivalité et de désaffection.

On a isolé la France de l'Italie et de l'Espagne.

On a jeté pour jamais un abîme de haine et de révolte entre la France et ses sujets musulmans.

Mais revenons à l'Angleterre.

C'est bien peu connaître la persévérance des desseins de la politique anglaise, que de s'imaginer qu'elle consentira jamais à nous faire une place en Égypte. Le ferions-nous nous-mêmes si les rôles étaient intervertis? La concession du Canal est attribuée en fait à une compagnie française; en fait, le suzerain de la terre où est situé le Canal est le sultan de Constantinople, mais ni la France ni le sultan ne sont en état de faire prévaloir leur volonté contre le fait accompli. Du reste la France qui, au mépris des traditions et du droit, s'est attribué la Tunisie ne saurait invoquer la suzeraineté de la Sublime-Porte, et la Sublime-Porte, si elle ose intervenir, interviendra au nom de l'intégrité de ses droits souverains, ce que l'Angleterre ne supportera pas.

Resterait l'Europe. L'Europe coalisée ne peut rien contre l'Angleterre et malheur à la nation qui acceptera de faire exécuter les sentences de la Conférence. Tôt ou tard trahie par tous elle supportera tout l'effort des Anglais et des Turcs, qui finiront par s'entendre, qu'on en soit bien persuadé.

La neutralisation du canal de Suez et par suite

de toute la mer rouge est un rêve que la génération actuelle ne verra point se réaliser. Il faut se résigner au fait accompli. Le pavillon britannique domine et dominera longtemps encore de Port-Saïd à Aden. C'est la conséquence de cent ans de préparation et de persévérance.

IV

L'intervention au point de vue militaire.

L'intervention restreinte à la garde du Canal est une chimère ridicule.

Chacun l'a compris.

L'intervention intégrale serait une folie.

La France, qui n'use du canal de Suez que dans la proportion de 6 p. 100 par rapport au mouvement général de la navigation du canal, s'imposerait les mêmes sacrifices que l'Angleterre, puis, la campagne terminée, elle se verrait fatalement évincée par sa rivale.

Intervenir d'une manière quelconque c'est donc courir soit à une humiliation éclatante, soit à une guerre avec l'Angleterre, guerre dont l'issue n'est malheureusement douteuse pour personne.

Puis il faudrait constituer une nouvelle saignée à nos forces militaires déjà mises à mal par la guerre tunisienne.

L'inepte conquête de la Tunisie, en soulevant

contre nous le monde musulman, nous force à entretenir, soit dans la Régence, soit dans le Sud oranais, 80 bataillons (1). Ces 80 bataillons ont leur place marquée dans le système de la mobilisation. En cas de guerre, ils représentent 70,000 réservistes, qui ne sauraient que devenir, et comme il faudrait désigner 80 autres bataillons pour occuper les forteresses en remplacement de ceux qui pourrissent en Tunisie, c'est 160 bataillons immobilisés, en suite de la funeste politique qui a prévalu depuis six ans.

En outre, si l'on veut bien se rendre un compte exact de l'état d'énervement et de découragement où sont plongés ces bataillons sacrifiés, on conclura judicieusement qu'ils doivent être considérés comme à peu près incapables d'un bon service, soit qu'on les maintienne en Afrique, soit qu'on les rappelle. A part les bataillons qui ont été récemment renforcés, tous sont tombés au-dessous de 300, comme chiffre d'effectif. Jamais pareille chose ne s'était vue, c'est un spectacle lamentable.

Donc, la constitution du corps expéditionnaire d'Egypte mènerait fatalement le gouvernement à une mobilisation partielle, et à l'appel de deux classes au moins de la réserve de l'armée active (2).

(1) En sus des troupes d'Afrique.

(2) Il faudrait en outre maintenir la classe 1877. Ce sera l'éternel honneur du général Billot d'avoir repoussé toutes les sollicitations qui voulaient l'amener à suivre l'exemple de son prédécesseur. En exigeant la mobilisation, le général Billot a été la cause la plus directe de la non-intervention.

Le gouvernement n'osera jamais en arriver là. Le pays tout entier se lèverait contre lui, car cette mesure si grave ne serait pas à ses yeux justifiée par on grand intérêt national.

Si le gouvernement, décidé à obtempérer aux injonctions de la haute finance, méconnaissait les leçons cruelles de l'expérience et retombait dans les errements détestables suivis par le général Farre en 1880, il donnerait le dernier coup à notre système militaire, anéantissant ainsi plus de 3 milliards dépensés et dix ans d'efforts.

La frontière serait alors à la merci de deux corps d'armée prussiens.

De quelque côté que l'on se retourne cette aventure égyptienne, fille de l'expédition tunisienne, ne nous offre que déceptions et ruines.

La France n'a qu'une tactique à suivre : rentrer dans ses lignes, concentrer ses forces, et se montrer patiente et prudente.

C'est la tactique des peuples vaincus quand ils n'ont pas renoncé à leur relèvement (2).

(1) Depuis quelque temps, les journaux belliqueux ont repris l'injure ordinaire de la *paix à tout prix!* Il ne faut pas oublier que ceux qui, en 1870, étaient opposés à la guerre ont été hués. La leçon est près de nous.

CONCLUSION

Le lecteur a maintenant tous les éléments pour conclure. Nous devons ajouter que notre conquête du Tonkin, l'extension de nos possessions dans la Cochinchine ont réveillé les antiques méfiances des Anglais contre nous, et le chancelier d'Allemagne, qui n'a pas oublié qu'en 1870 l'Angleterre a montré des velléités d'intervention en notre faveur, s'est attaché très habilement à augmenter encore ces méfiances. Il y a pleinement réussi.

Considérant donc que depuis quatre-vingts ans, l'Angleterre prépare la captation de l'Égypte, qu'elle est aujourd'hui maîtresse de tous les points stratégiques sur terre et sur mer, qu'elle dispose d'une marine incomparable, qu'elle ne renoncera jamais à cette langue de terre, où viendront un jour converger toutes les lignes maritimes et toutes les voies ferrées du monde oriental, nous pensons que le rôle de la France doit être passif, parce qu'une guerre avec l'Angleterre serait l'issue fatale d'une intervention de notre part, de quelque manière qu'elle se fasse.

La France n'est plus ;— l'Europe l'a abandonnée en 1870; la France ne doit plus avoir qu'un seul souci, le souci d'elle-même.

Sans doute, il est triste pour un grand pays comme le nôtre, qui a joué un rôle si glorieux dans l'œuvre de la civilisation générale, de rester désarmé, inerte en présence de ces vastes réorganisations. Mais la vie d'un peuple est longue et l'avenir efface souvent les tristesses du présent.

C'est sur l'avenir qu'il faut compter.

Au lieu d'entreprendre au loin des guerres ruineuses, au profit de l'intérêt général européen, et d'épuiser ce qui nous reste de forces; — refaisons la France. C'est sur le continent que la France doit lutter si elle veut ne pas mourir.

De grands exemples du passé justifieraient notre opinion; nous préférons terminer par cette parole profondément vraie qu'a prononcée le maréchal Canrobert l'autre jour au Sénat :

« Quand même la Méditerrannée eût été un lac français, quand les hordes allemandes apparurent sur le plateau de Romainville, à quoi eût servi ce lac français? »

Ne cessons jamais de regarder vers l'Est. C'est là qu'est la blossuro qui ne se fermera peut-être jamais, c'est là que l'ennemi héréditaire menace de nous frapper encore.

Pas d'aventure ! pas d'intervention ! pas de guerre lointaine ! et le monde, qui a encore besoin de la France, applaudira à notre prudence et à notre réserve.

PARIS. — IMP. C. MARPON ET E. FLAMMARION, RUE RACINE, 26.

PARIS. — IMP. C. MARPON ET E. FLAMMARION, RUE RACINE, 26.

www.ingramcontent.com/pod-product-compliance
Ingram Content Group UK Ltd.
Pitfield, Milton Keynes, MK11 3LW, UK
UKHW020510230726
13925UKWH00005B/2133

9 782014 053616